AF220858

skóli - el colegio   2
ferðalög - el viaje   5
samgöngur - el transporte   8
borg - la ciudad   10
landslag - el paisaje   14
veitingastaður - el restaurante   17
kjörbúð - el supermercado   20
drykkir - las bebidas   22
matur - la comida   23
bær - la granja   27
hús - la casa   31
stofa - el living   33
eldhús - la cocina   35
baðherbergi - el baño   38
barnaherbergi - el cuarto de los chicos   42
föt - la ropa   44
skrifstofa - la oficina   49
hagkerfi - la economía   51
starfsgreinar - las ocupaciones   53
verkfæri - las herramientas   56
hljóðfæri - los instrumentos musicales   57
dýragarður - el zoológico   59
íþróttir - los deportes   62
athafnir - las actividades   63
fjölskylda - la familia   67
líkami - el cuerpo   68
sjúkrahús - el hospital   72
neyðartilvik - la emergencia   76
Jörð - la Tierra   77
klukka - el reloj   79
vika - la semana   80
ár - el año   81
form - las formas   83
litir - colores   84
andstæður - los opuestos   85
tölur - los números   88
tungumál - los idiomas   90
hver / hvað / hvernig - quién / qué / cómo   91
hvar - dónde   92

Impressum
Verlag: BABADADA GmbH, Nedderfeld 112 , 22529 Hamburg
Geschäftsführer / Verlagsleitung: Harald Hof
Druck: Books on Demand GmbH, In de Tarpen 42, 22848 Norderstedt

Imprint
Publisher: BABADADA GmbH, Nedderfeld 112 , 22529 Hamburg, Germany
Managing Director / Publishing direction: Harald Hof
Print: Books on Demand GmbH, In de Tarpen 42, 22848 Norderstedt

skóli

el colegio

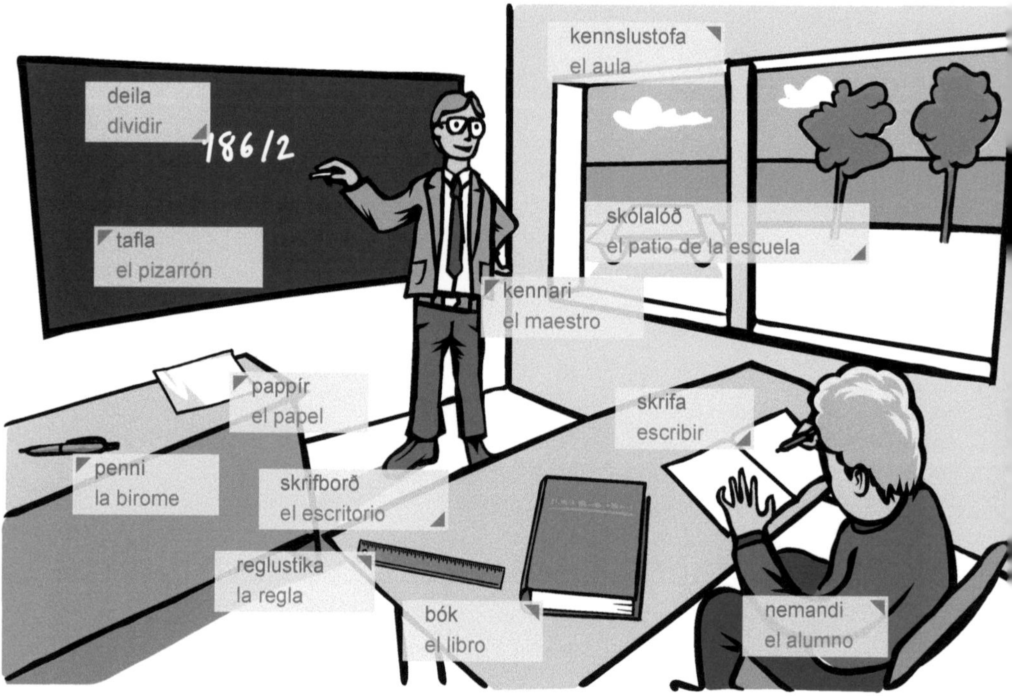

kennslustofa
el aula
deila
dividir
186/2
tafla
el pizarrón
skólalóð
el patio de la escuela
kennari
el maestro
pappír
el papel
skrifa
escribir
penni
la birome
skrifborð
el escritorio
reglustika
la regla
bók
el libro
nemandi
el alumno

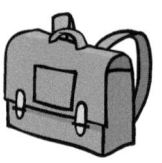

skólataska

la mochila

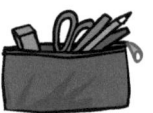

pennaveski

la caja de lápices

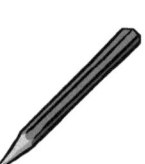

blýantur

el lápiz

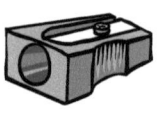

yddari

el sacapuntas

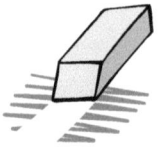

strokleður

la goma (de borrar)

teikniblað

el bloc de dibujo

teikning

el dibujo

pensill

el pincel

litakassi

la caja de pinturas

skæri

la tijera

lím

el pegamento

æfingabók

el cuaderno de ejercicios

heimavinna

la tarea

númer

el número

2+2

leggja saman

sumar

draga frá

restar

margfalda

multiplicar

reikna

calcular

bréf

la letra

stafróf

el abecedario

orð

la palabra

texti
el texto

lesa
leer

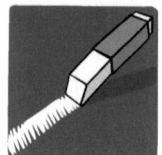

krít
la tiza

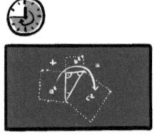

kennslustund
la lección

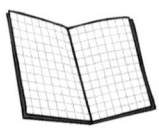

kladdi
el cuaderno de clase

próf
el examen

vottorð
el certificado

skólabúningur
el uniforme escolar

menntun
la educación

alfræðirit
la enciclopedia

háskóli
la universidad

smásjá
el microscopio

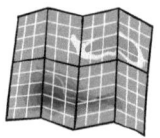

kort
el mapa

ruslakarfa
el tacho (de basura)

ferðalög

el viaje

hótel
el hotel
Grand
farfuglaheimili
el hostel
ROOMS
gjaldeyrisskipti
la casa de cambio
EXCHANGE
ferðataska
la valija
bíll
el auto

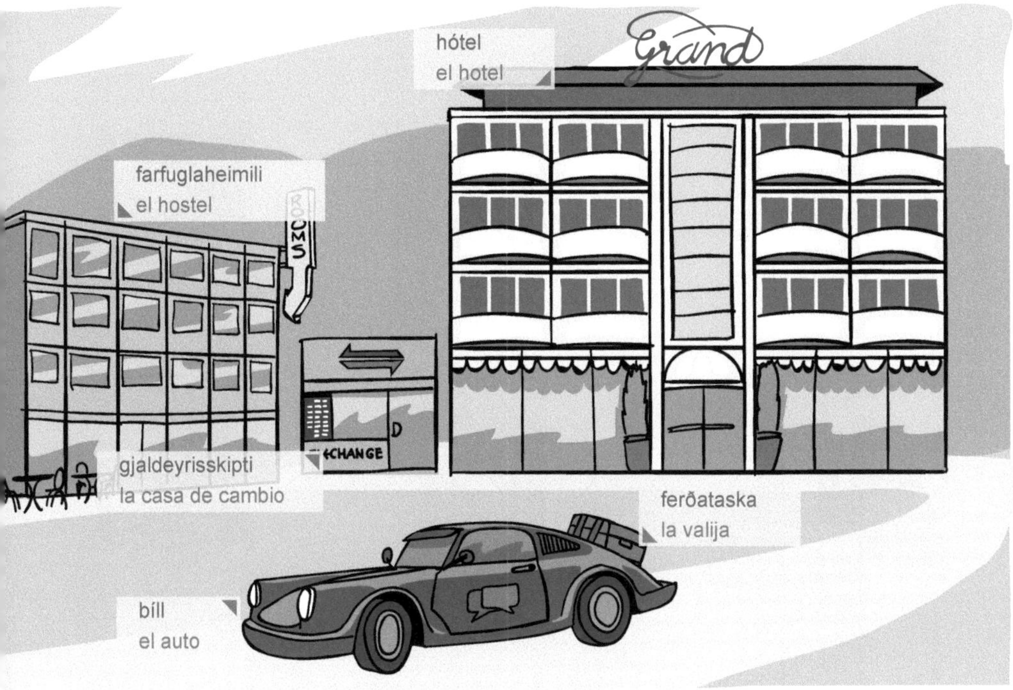

tungumál

el idioma

já / nei

sí / no

allt í lagi

Está bien

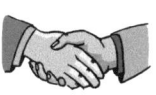

halló

hola

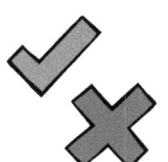

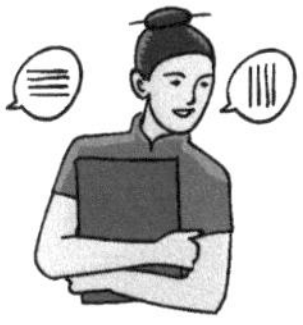

þýðandi

el traductor

takk fyrir

Gracias

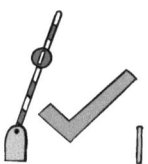

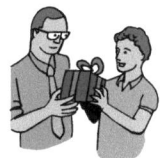

hvað kostar...?

¿cuánto cuesta...?

Ég skil ekki

No entiendo

vandamál

el problema

Gott kvöld!

¡Buenas tardes!

Góðan dag!

¡Buenos días!

Góða nótt!

¡Buenas noches!

bless bless

el adiós

átt

la dirección

farangur

el equipaje

taska

el bolso

bakpoki

la mochila

gestur

el invitado

herbergi

la habitación

svefnpoki

la bolsa de dormir

tjald

la carpa

upplýsingamiðstöð

la información turística

strönd

la playa

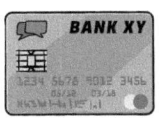

kreditkort

la tarjeta de crédito

morgunverður

el desayuno

hádegisverður

el almuerzo

kvöldmatur

la cena

farmiði

el pasaje

lyfta

el ascensor

frímerki

el sello

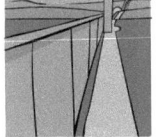

landamæri

la frontera

tollur

la aduana

sendiráð

la embajada

vegabréfsáritun

la visa

vegabréf

el pasaporte

samgöngur
el transporte

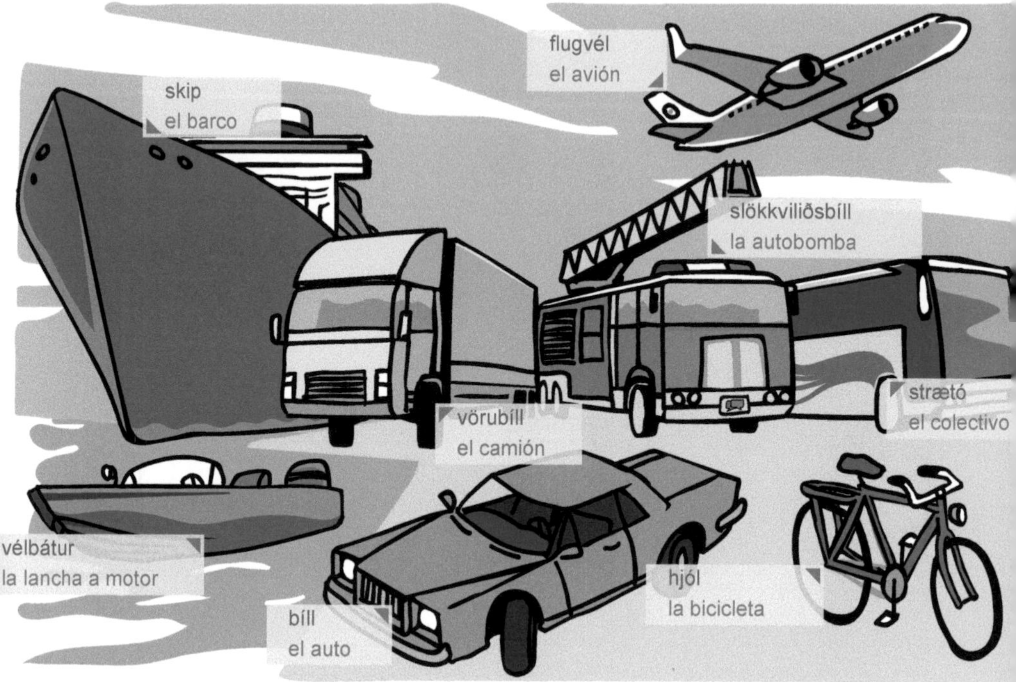

flugvél
el avión
skip
el barco
slökkviliðsbíll
la autobomba
strætó
el colectivo
vörubíll
el camión
vélbátur
la lancha a motor
hjól
la bicicleta
bíll
el auto

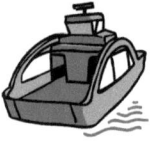

ferja
el ferry

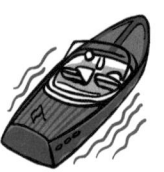

bátur
el bote

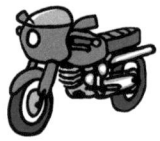

mótorhjól
la moto

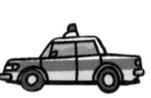

lögreglubíll
el patrullero

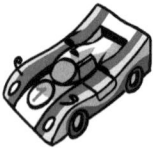

kappakstursbíll
el auto de carreras

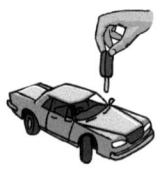

bílaleigubíll
el auto de alquiler

bílasamneyti

el alquiler de autos

dráttarbíll

la grúa

öskubíll

el camión de la basura

vél

el motor

eldsneyti

la nafta

bensínstöð

la estación de servicio

umferðarskilti

la señal de tránsito

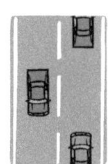

umferð

el tránsito

umferðarteppa

el embotellamiento

bílastæði

el estacionamiento

lestarstöð

la estación de tren

járnbrautarteinar

las vías

lest

el tren

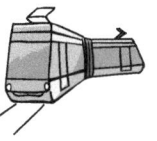

sporvagn

el tranvía

vagn

el vagón

þyrla
el helicóptero

flugvöllur
el aeropuerto

turn
la torre

farþegi
el pasajero

gámur
el contenedor

pappakassi
la caja de cartón

kerra
la carretilla

karfa
la canasta

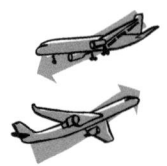

takast á loft / lenda
despegar / aterrizar

borg
la ciudad

þorp
el pueblo

miðbær
el centro de la ciudad

hús
la casa

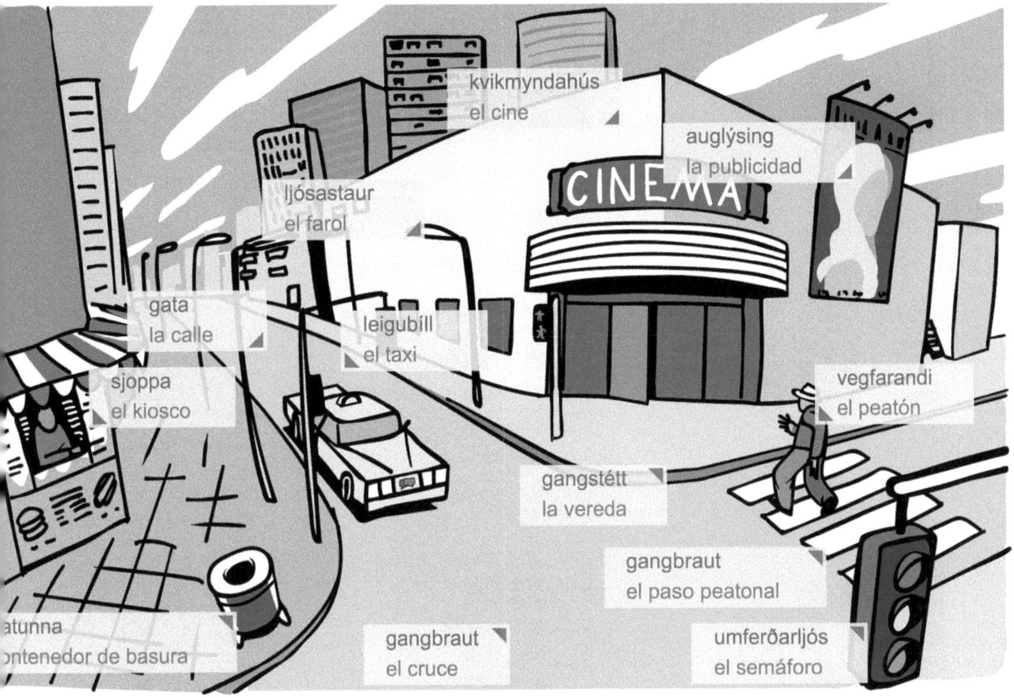

kvikmyndahús
el cine

auglýsing
la publicidad

ljósastaur
el farol

CINEMA

gata
la calle

leigubíll
el taxi

sjoppa
el kiosco

vegfarandi
el peatón

gangstétt
la vereda

gangbraut
el paso peatonal

...atunna
...ntenedor de basura

gangbraut
el cruce

umferðarljós
el semáforo

skáli
la cabaña

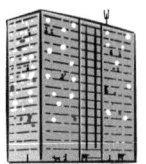

íbúð
el departamento

lestarstöð
la estación de tren

ráðhús
la municipalidad

safn
el museo

skóli
el colegio

borg - la ciudad

háskóli

la universidad

banki

el banco

sjúkrahús

el hospital

hótel

el hotel

apótek

la farmacia

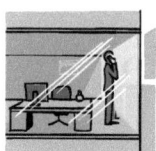

skrifstofa

la oficina

bókabúð

la librería

búð

el negocio

blómabúð

la florería

kjörbúð

el supermercado

markaður

el mercado

stórmarkaður

las grandes tiendas

fiskbúð

la pescadería

verslunarmiðstöð

el centro comercial

höfn

el puerto

borg - la ciudad

almenningsgarður

el parque

bekkur

el banco

brú

el puente

stigi

las escaleras

neðanjarðarlest

el subte

göng

el túnel

biðstöð

la parada del colectivo

bar

el bar

veitingastaður

el restaurante

póstkassi

el buzón

götuskilti

el letrero

stöðumælir

el parquímetro

dýragarður

el zoológico

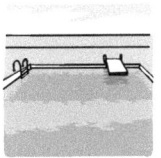

sundlaug

la pileta

moska

la mezquita

bær
la granja

mengun
la contaminación

kirkjugarður
el cementerio

kirkja
la iglesia

leiksvæði
los juegos infantiles

musteri
el templo

landslag
el paisaje

laufblað
la hoja

leiðarvísir
el poste indicador

leið
el camino

engi
la pradera

steinn
la piedra

göngufólk
el excursionista

tré
el árbol

á
el río

gras
la hierba

blóm
la flor

dalur
el valle

hæð
la montaña

stöðuvatn
el lago

skógur
el bosque

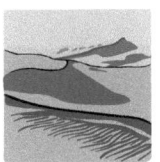

eyðimörk
el desierto

eldfjall
el volcán

kastali
el castillo

regnbogi
el arco iris

sveppur
el champiñón

pálmatré
la palmera

moskítófluga
el mosquito

fluga
la mosca

maur
la hormiga

býfluga
la abeja

kónguló
la araña

bjalla

el escarabajo

froskur

la rana

íkorni

la ardilla

broddgöltur

el erizo

héri

la liebre

ugla

la lechuza

fugl

el pájaro

svanur

el cisne

villisvín

el jabalí

dádýr

el ciervo

elgur

el alce

stífla

la presa

vindmylla

el aerogenerador

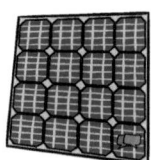

sólarrafhlaða

el panel solar

loftslag

el clima

veitingastaður
el restaurante

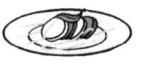

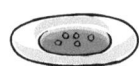

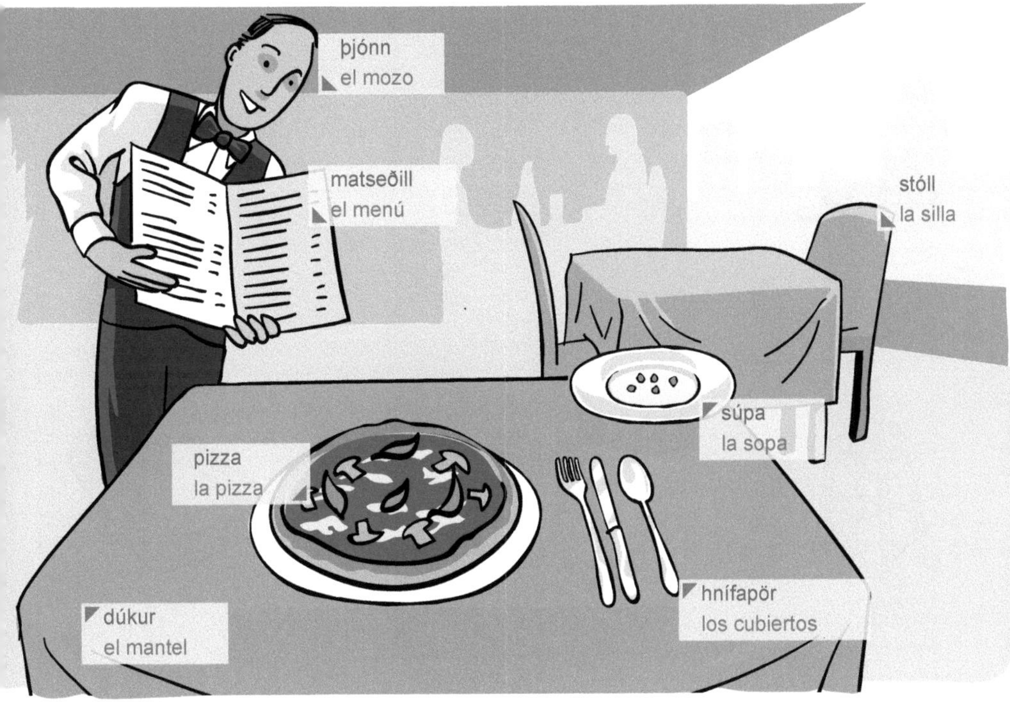

þjónn
el mozo
matseðill
el menú
stóll
la silla
súpa
la sopa
pizza
la pizza
hnífapör
los cubiertos
dúkur
el mantel

forréttur
la entrada

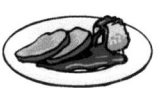

aðalréttur
el plato principal

eftirréttur
el postre

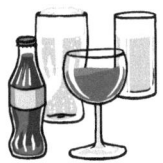

drykkir
las bebidas

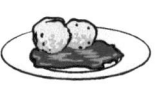

matur
la comida

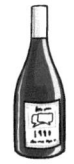

flaska
la botella

skyndibiti

la comida rápida

götumatur

la comida callejera

teketill

la tetera

sykurskál

la azucarera

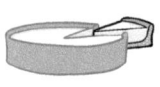

skammtur

la porción

espressovél

la cafetera expreso

barnastóll

la sillita alta

reikningur

la cuenta

bakki

la bandeja

hnífur

el cuchillo

gaffall

el tenedor

skeið

la cuchara

teskeið

la cucharita

servíetta

la servilleta

glas

el vaso

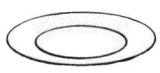

diskur
el plato

súpudiskur
el plato hondo

undirskál
el plato

sósa
la salsa

saltstaukur
el salero

piparkvörn
el molinillo de pimienta

edik
el vinagre

olía
el aceite

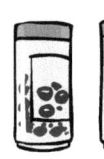

krydd
las especias

tómatsósa
el kétchup

sinnep
la mostaza

majónes
la mayonesa

kjörbúð
el supermercado

tilboð
la oferta especial
FOR
viðskiptavinur
el cliente
mjólkurvörur
los lácteos
ávöxtur
la fruta
búðarkerra
el changuito

BUTCHERS

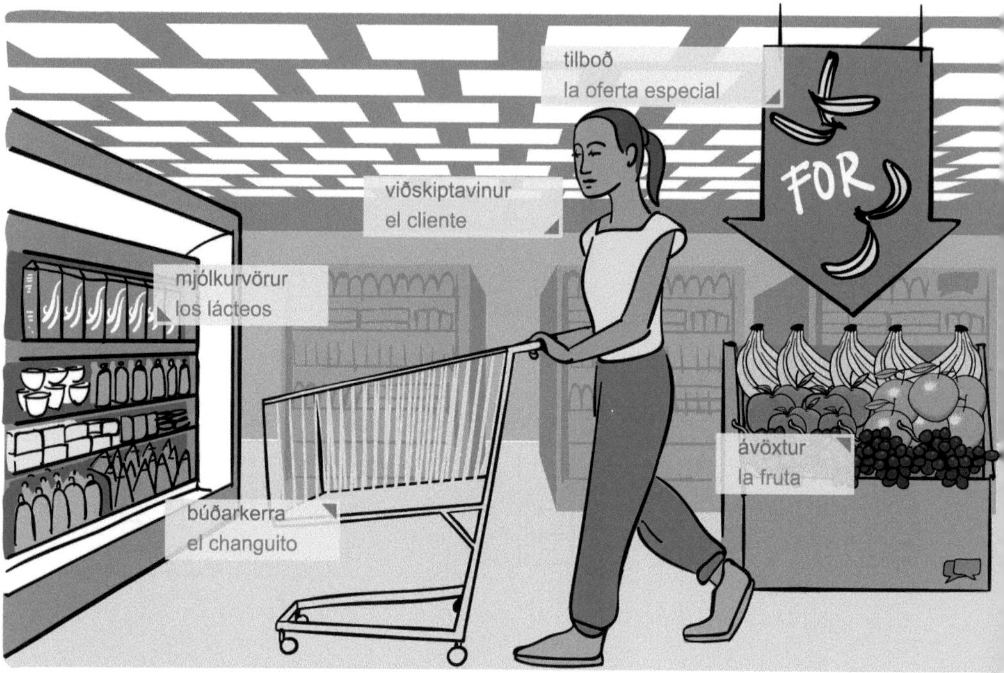

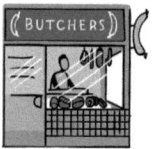

slátrari

la carnicería

BAKERY

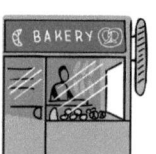

bakarí

la panadería

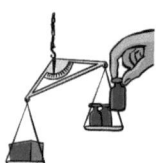

vega

pesar

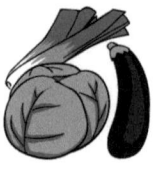

grænmeti

las verduras

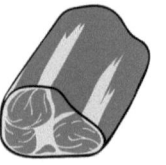

kjöt

la carne

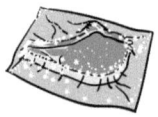

frosinn matur

los alimentos congelados

kjötálegg

los fiambres

niðursoðinn matur

los alimentos enlatados

þvottaefni

el detergente en polvo

sælgæti

las golosinas

vörur til heimilisnota

los electrodomésticos

hreinsiefni

los productos de limpieza

afgreiðslukona

la vendedora

afgreiðslukassi

la caja

gjaldkeri

el cajero

innkaupalisti

la lista de compras

opnunartímar

el horario de atención

veski

la billetera

kreditkort

la tarjeta de crédito

poki

la cartera

plastpoki

la bolsa de plástico

vatn
el agua

safi
el jugo

mjólk
la leche

kók
la bebida cola

vín
el vino

bjór
la cerveza

áfengi
el alcohol

kakó
el cacao

te
el té

kaffi
el café

espresso
el café expreso

kaffi
el cappuccino

banani

la banana

epli

la manzana

appelsínugulur

la naranja

melóna

el melón

sítróna

el limón

gulrót

la zanahoria

hvítlaukur

el ajo

bambus

el bambú

laukur

la cebolla

sveppir

el champiñón

hnetur

las nueces

núðlur

los fideos

spagettí

los tallarines

hrísgrjón

el arroz

salat

la ensalada

franskar kartöflur

las papas fritas

steiktar kartöflur

las papas fritas

pizza

la pizza

hamborgari

la hamburguesa

samloka

el sándwich

snitsel

el churrasco

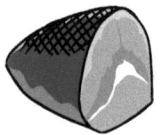

skinka

el jamón

salami

el salame

pylsa

la salchicha

kjúklingur

el pollo

steik

el asado

fiskur

el pescado

matur - la comida

haframjöl

los copos de avena

múslí

el muesli

kornflögur

los copos de maíz

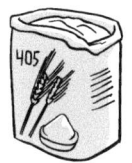

hveiti

la harina

franskt horn

la medialuna

smábrauð

el pancito

brauð

el pan

ristað brauð

la tostada

kex

las galletitas

smjör

la manteca

ystingur

la cuajada

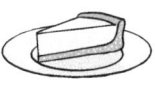

kaka

la torta

egg

el huevo

spælt egg

el huevo frito

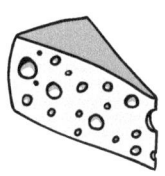

ostur

el queso

ís
....
el helado

sykur
....
el azúcar

hunang
....
la miel

sulta
....
la mermelada

súkkulaðiálegg
....
la pasta de chocolate

karrý
....
el curry

matur - la comida

bær
la granja

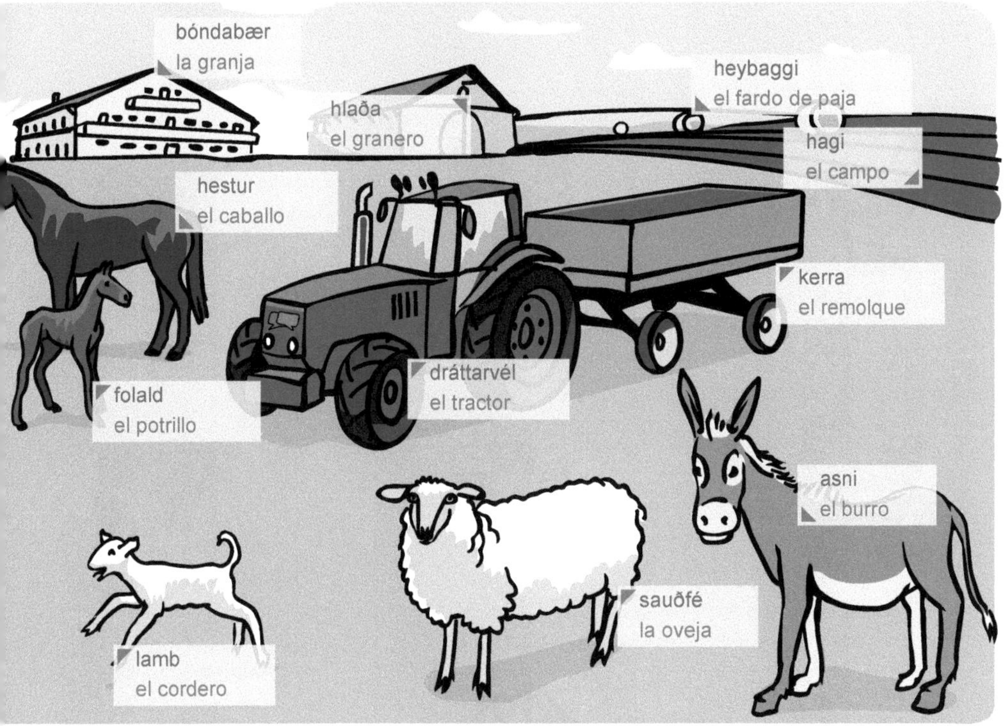
bóndabær
la granja
hlaða
el granero
heybaggi
el fardo de paja
hagi
el campo
hestur
el caballo
kerra
el remolque
folald
el potrillo
dráttarvél
el tractor
asni
el burro
sauðfé
la oveja
lamb
el cordero

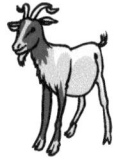

geit

la cabra

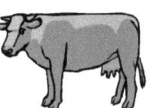

kýr

la vaca

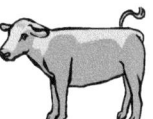

kálfur

el ternero

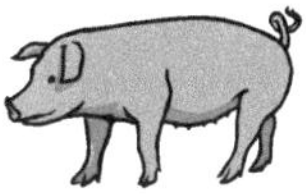

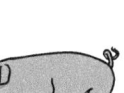

svín

el cerdo

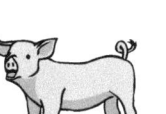

grís

el lechón

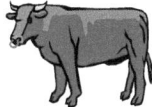

naut

el toro

gæs
el ganso

önd
el pato

ungi
el pollo

hæna
la gallina

hani
el gallo

rotta
la rata

köttur
el gato

mús
el ratón

uxi
el buey

hundur
el perro

hundakofi
la cucha

garðslanga
la manguera

garðkanna
la regadera

ljár
la guadaña

plógur
el arado

sigð
la hoz

hlújárn
la azada

heygaffall
la horquilla

öxi
el hacha

hjólbörur
la carretilla

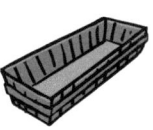

trog
el abrevadero

mjólkurfata
la lechera

poki
la bolsa

girðing
la reja

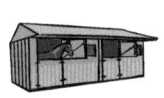

gripahús
el establo

gróðurhús
el invernadero

jarðvegur
el suelo

fræ
la semilla

áburður
el fertilizador

kornskurðarvél
la cosechadora

uppskera

cosechar

uppskera

la cosecha

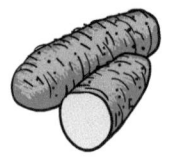

kínverskar kartöflur

las batatas

hveiti

el trigo

soja

la soja

kartafla

la papa

maís

el maíz

repja

la semilla de colza

ávaxtatré

el árbol frutal

maníókarót

la mandioca

korn

los cereales

hús
la casa

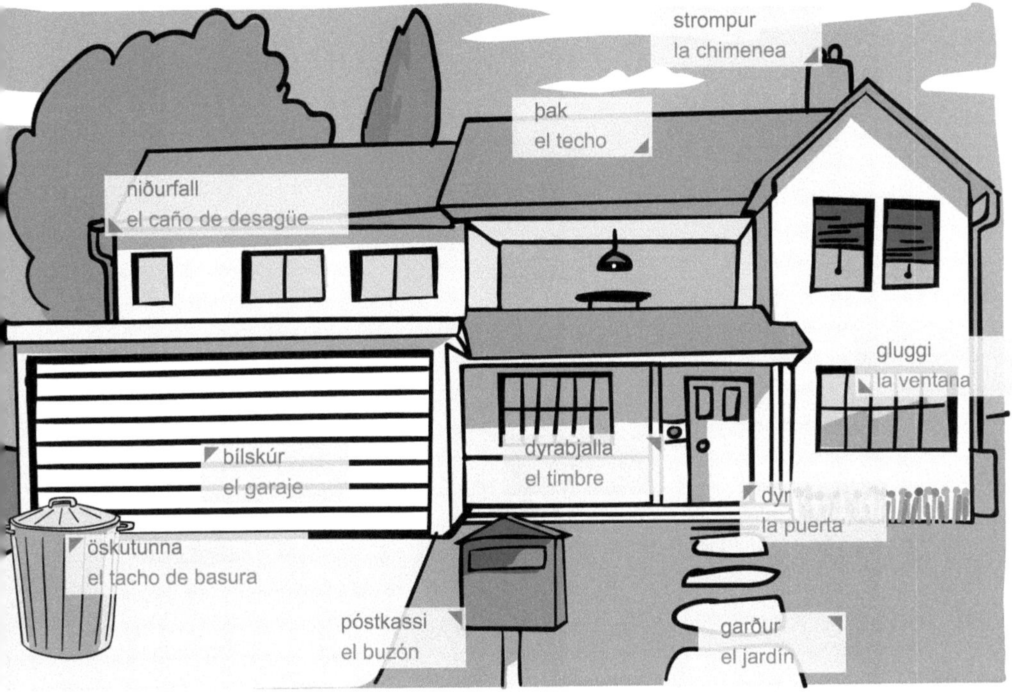
strompur
la chimenea
þak
el techo
niðurfall
el caño de desagüe
gluggi
la ventana
bílskúr
el garaje
dyrabjalla
el timbre
dyr
la puerta
öskutunna
el tacho de basura
póstkassi
el buzón
garður
el jardín

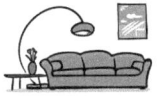

stofa

el living

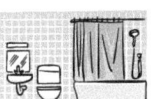

baðherbergi

el baño

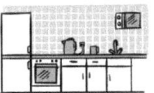

eldhús

la cocina

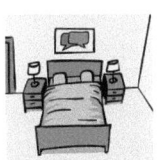

svefnherbergi

el dormitorio

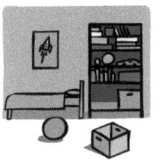

barnaherbergi

el cuarto de los chicos

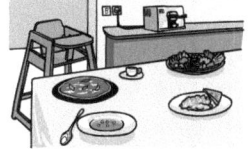

borðstofa

el comedor

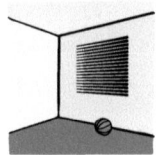

gólf
....
el piso

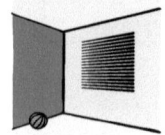

veggur
....
la pared

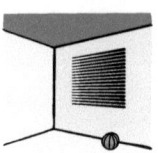

loft
....
el cielorraso

kjallari
....
el sótano

gufubað
....
el sauna

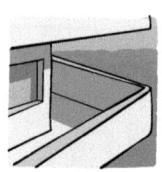

svalir
....
el balcón

verönd
....
la terraza

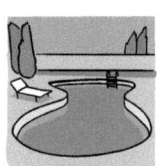

sundlaug
....
la pileta

sláttuvél
....
la cortadora de pasto

lak
....
la sábana

rúmteppi
....
el acolchado

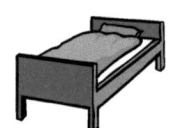

rúm
....
la cama

kústur
....
la escoba

fata
....
el balde

rofi
....
el interruptor

stofa
el living

veggfóður
el empapelado
ljósmynd
la imagen
lampi
la lámpara
hilla
el estante
skápur
el armario
sjónvarp
la televisión
arinn
la chimenea
blóm
la flor
púði
el almohadón
sófi
el sofá
vasi
el florero
fjarstýring
el control remoto

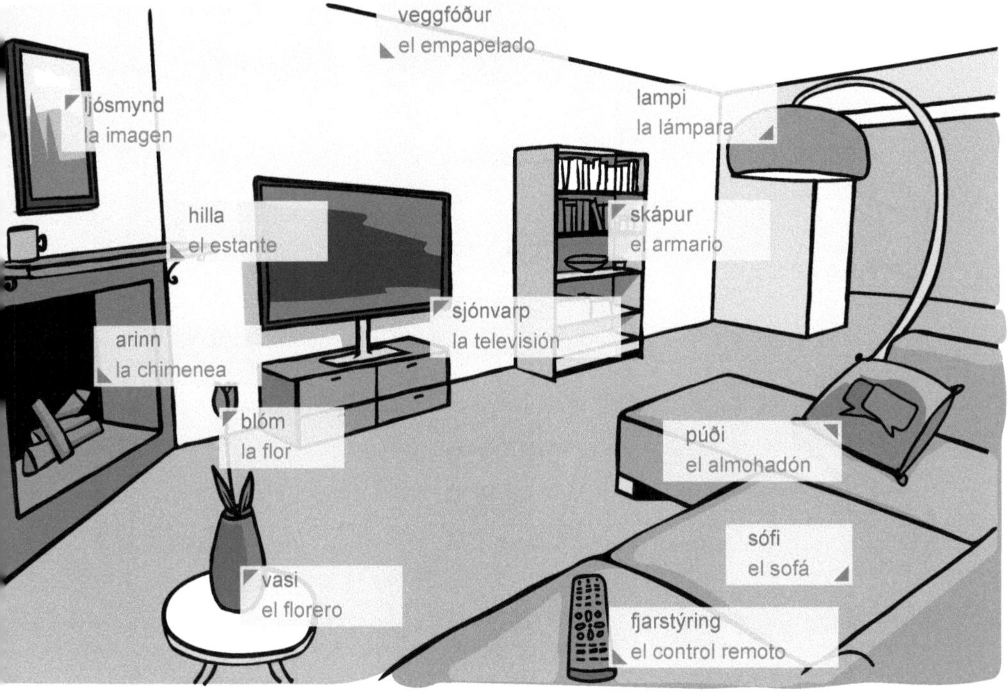

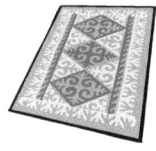

teppi

la alfombra

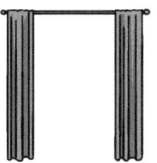

gardínur

la cortina

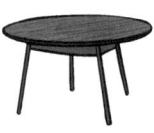

borð

la mesa

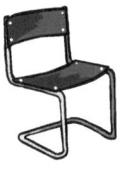

stóll

la silla

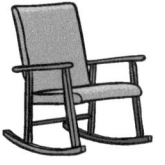

ruggustóll

la mecedora

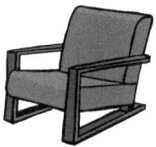

hægindastóll

el sillón

bók
el libro

sæng
la frazada

skraut
la decoración

eldiviður
la leña

mynd
la película

hljómflutningstæki
el equipo de música

lykill
la llave

dagblað
el diario

málverk
la pintura

veggspjald
el póster

útvarp
la radio

minnisbók
el cuaderno

ryksuga
la aspiradora

kaktus
el cactus

kerti
la vela

eldhús
la cocina

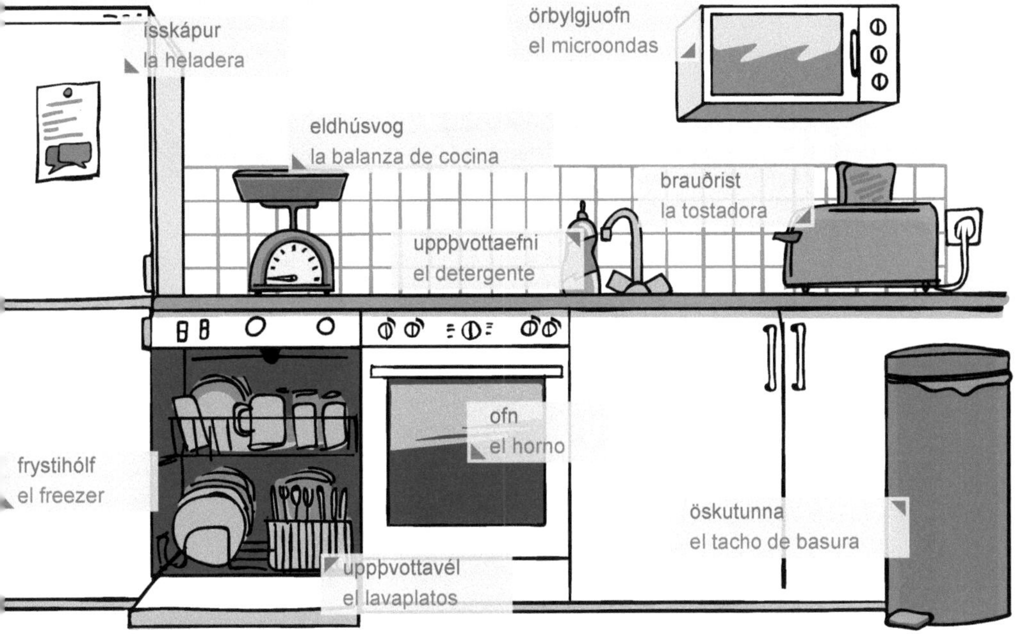

ísskápur
la heladera
örbylgjuofn
el microondas
eldhúsvog
la balanza de cocina
brauðrist
la tostadora
uppþvottaefni
el detergente
ofn
el horno
frystihólf
el freezer
öskutunna
el tacho de basura
uppþvottavél
el lavaplatos

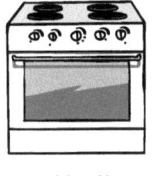

eldavél

la cocina

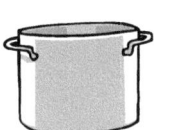

pottur

la olla

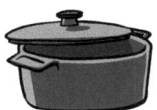

steypujárnspottur

la olla de hierro fundido

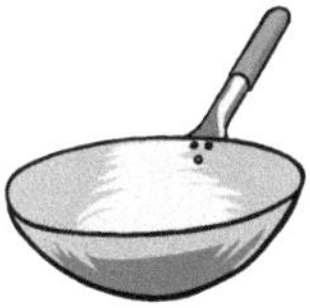

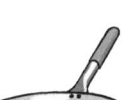

wok/kadai

el wok

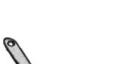

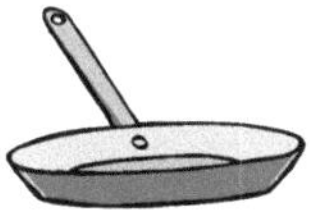

panna

la sartén

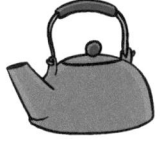

ketill

la pava

gufukarfa

la vaporera

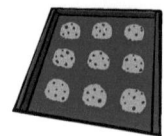

ofnform

la bandeja de horno

leirtau

la vajilla

mál

la taza

skál

el bol

prjónar

los palitos

ausa

el cucharón

spaði

la espátula

pískur

la batidora

sigti

el colador

málmsigti

el colador

rifjárn

el rallador

mortél

el mortero

grill

la parrilla

opinn eldur

la fogata

skurðarbretti

la tabla de picar

kökukefli

el palo de amasar

tappatogari

el sacacorchos

dós

la lata

dósaopnari

el abrelatas

pottaleppur

la manopla

vaskur

la pileta

bursti

el cepillo

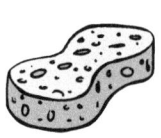

svampur

la esponja

blandari

la batidora

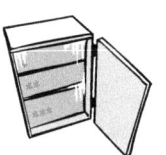

frystir

el congelador

peli

la mamadera

blöndunartæki

la canilla

eldhús - la cocina

baðherbergi
el baño

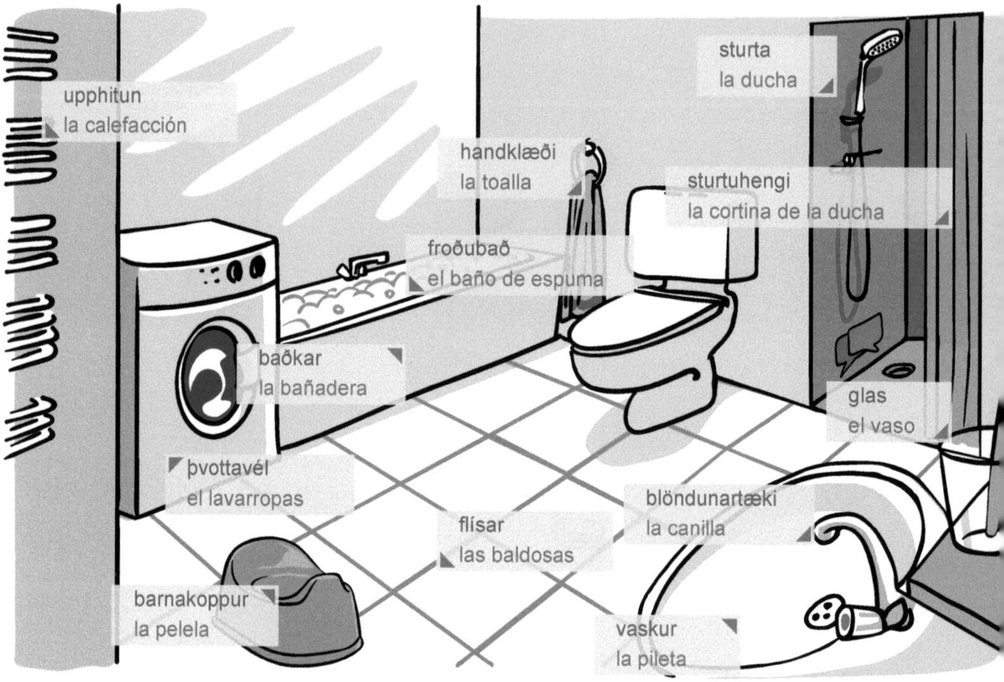
sturta
la ducha
upphitun
la calefacción
handklæði
la toalla
sturtuhengi
la cortina de la ducha
froðubað
el baño de espuma
baðkar
la bañadera
glas
el vaso
þvottavél
el lavarropas
blöndunartæki
la canilla
flísar
las baldosas
barnakoppur
la pelela
vaskur
la pileta

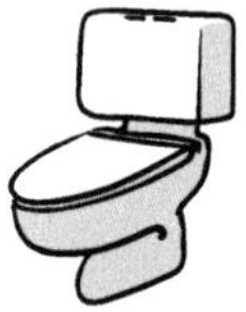

salerni

el inodoro

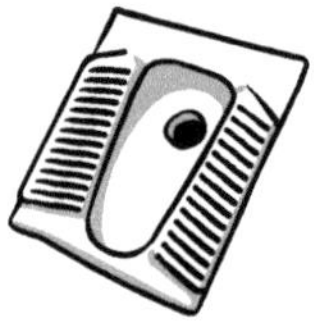

salerni án setu

la letrina

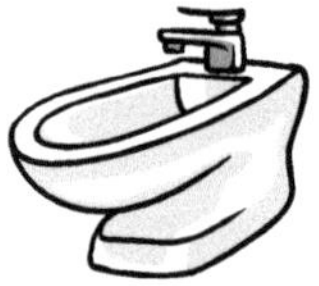

skolskál

el bidé

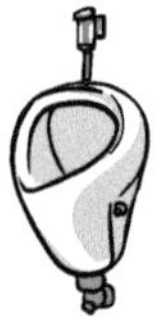

þvagskál

el mingitorio

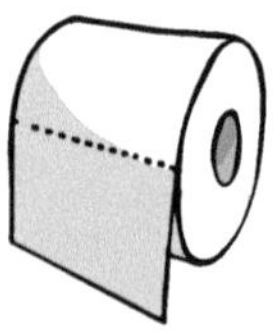

salernispappír

el papel higiénico

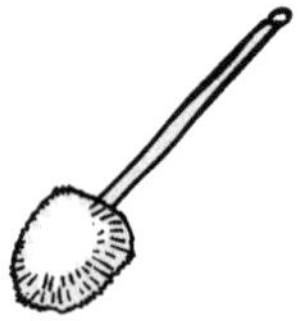

salernisbursti

el cepillo para el inodoro

tannbursti

el cepillo de dientes

tannkrem

el dentífrico

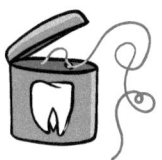

tannþráður

el hilo dental

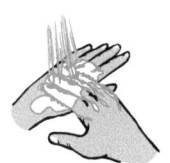
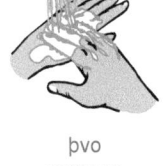

þvo

lavar

handsturta

la ducha de mano

salernissturta

la ducha higiénica

vaskur

la palangana

bakbursti

el cepillo para la espalda

sápa

el jabón

sturtugel

el gel de ducha

sjampó

el shampoo

flannel

la toallita

niðurfall

el desagüe

krem

la crema

svitalyktareyðir

el desodorante

spegill

el espejo

handspegill

el espejito

rakskafa

la maquinita de afeitar

raksápa

la espuma de afeitar

rakspíri

el aftershave

greiða

el peine

bursti

el cepillo

hárþurrka

el secador de pelo

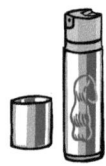

hársprey

el spray

farði

el maquillaje

varalitur

el lápiz de labios

naglalakk

el esmalte para uñas

bómull

el algodón

naglaklippur

la tijera para uñas

ilmvatn

el perfume

þvottapoki

el portacosméticos

kollur

la banqueta

vog

la balanza

sloppur

la bata

gúmmíhanskar

los guantes de goma

tíðatappi

el tampón

dömubindi

la toallita femenina

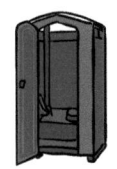

efnasalerni

el baño químico

barnaherbergi

el cuarto de los chicos

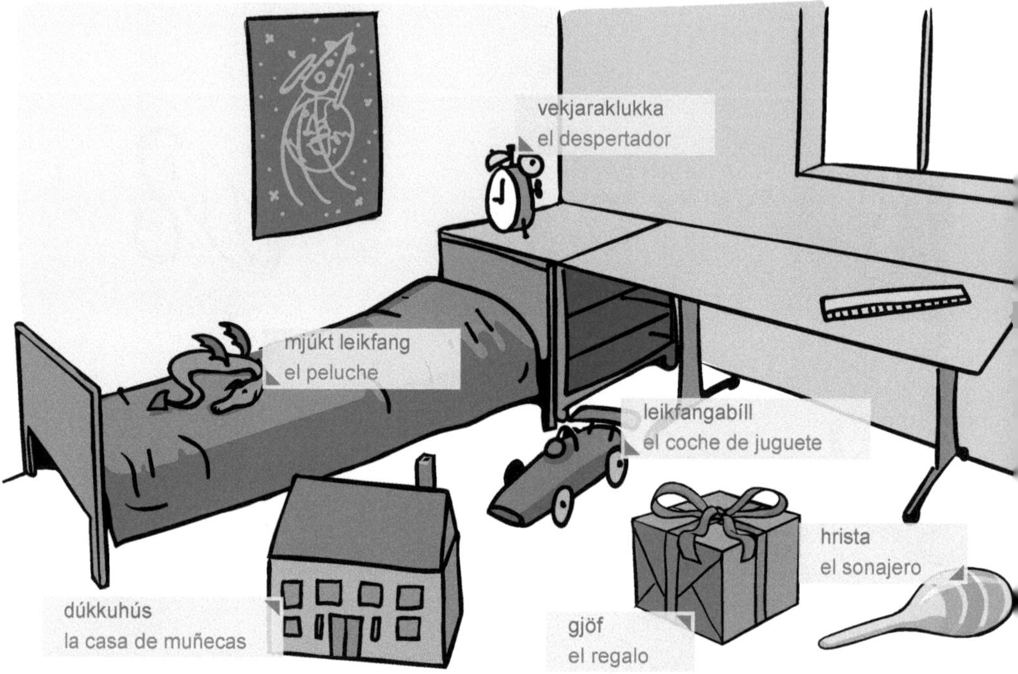
vekjaraklukka
el despertador
mjúkt leikfang
el peluche
leikfangabíll
el coche de juguete
hrista
el sonajero
dúkkuhús
la casa de muñecas
gjöf
el regalo

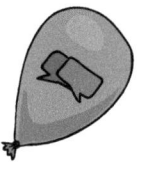

blaðra

el globo

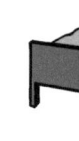

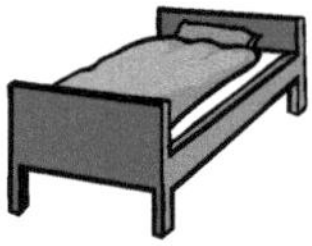

rúm

la cama

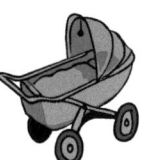

barnavagn

el cochecito

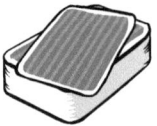

spilastokkur

las cartas

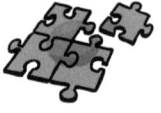

púsluspil

el rompecabezas

myndasaga

la historieta

legókubbar

las piezas de lego

leikfangakubbar

los ladrillos de juguete

leikfangakall

la figura de acción

samfestingur

el enterito (de bebé)

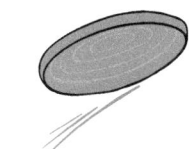

Frisbídiskur

el frisbee

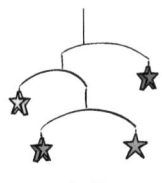

órói

el móvil para bebés

spilaborð

el juego de mesa

teningar

los dados

lestarlíkan

el tren eléctrico

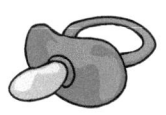

snuð

el chupete

veisla

la fiesta

myndabók

el libro de cuentos ilustrado

bolti

la pelota

brúða

la muñeca

spila

jugar

sandkassi

el arenero

sveifla

la hamaca

leikföng

los juguetes

leikjatölva

la consola de videojuegos

þríhjól

el triciclo

bangsi

el osito de peluche

fataskápur

el armario

föt

la ropa

sokkar

las medias

kvensokkabuxur

las medias panty

sokkabuxur

las calzas

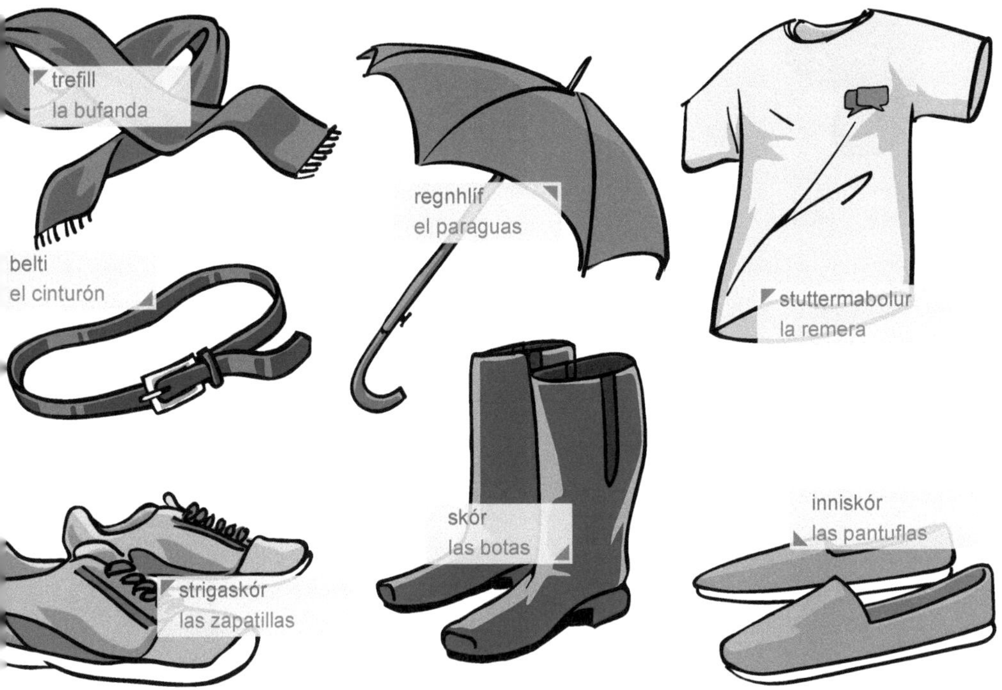

trefill
la bufanda

regnhlíf
el paraguas

stuttermabolur
la remera

belti
el cinturón

skór
las botas

inniskór
las pantuflas

strigaskór
las zapatillas

sandalar
....
las sandalias

skór
....
los zapatos

gúmmístígvél
....
las botas de goma

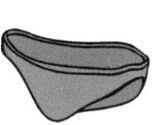

nærbuxur
....
la ropa interior

brjóstahaldari
....
el corpiño

vesti
....
el chaleco

samfella

el body

buxur

los pantalones

gallabuxur

los jeans

pils

la pollera

blússa

la blusa

skyrta

la camisa

peysa

el pulóver

hettupeysa

el buzo

jakki

el blazer

jakki

la campera

frakki

el tapado

regnfrakki

el piloto

dragt

el traje

kjóll

el vestido

brúðarkjóll

el vestido de novia

jakkaföt
el traje

náttkjóll
el camisón

náttföt
el pijama

Sari
el sari

höfuðslæða
el pañuelo para la cabeza

túrban
el turbante

búrka
la burka

kaftan
el caftán

abaya
la abaya

sundföt
el traje de baño

sundbuxur
el short de baño

stuttbuxur
los shorts

íþróttagalli
el jogging

svunta
el delantal

hanskar
los guantes

föt - la ropa

hnappur

el botón

gleraugu

los anteojos

armband

la pulsera

hálsmen

el collar

hringur

el anillo

eyrnalokkur

el aro

húfa

la gorra

herðatré

la percha

hattur

el sombrero

bindi

la corbata

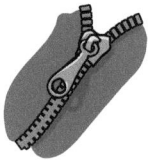

rennilás

el cierre

hjálmur

el casco

axlabönd

los tiradores

skólabúningur

el uniforme escolar

einkennisbúningur

el uniforme

smekkur
el babero

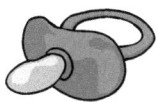

snuð
el chupete

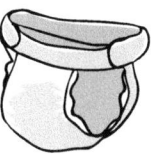

bleyja
el pañal

skrifstofa
la oficina

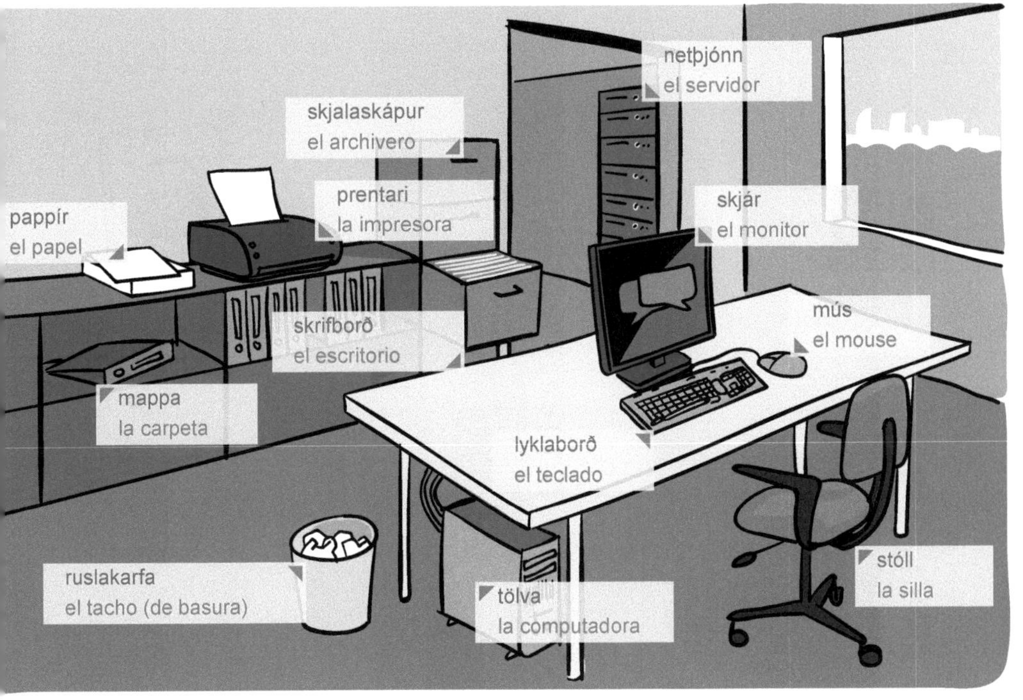

netþjónn
el servidor

skjalaskápur
el archivero

prentari
la impresora

pappír
el papel

skjár
el monitor

skrifborð
el escritorio

mús
el mouse

mappa
la carpeta

lyklaborð
el teclado

ruslakarfa
el tacho (de basura)

stóll
la silla

tölva
la computadora

kaffibolli
la taza de café

reiknivél
la calculadora

internet
el internet

fartölva
la laptop

bréf
la carta

skilaboð
el mensaje

farsími
el celular

net
la red

ljósritunarvél
la fotocopiadora

hugbúnaður
el software

sími
el teléfono

innstunga
el tomacorriente

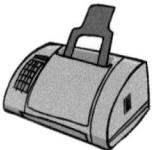

faxtæki
el fax

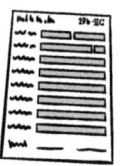

eyðublað
el formulario

skjal
el documento

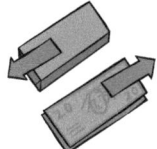

kaupa
comprar

borga
pagar

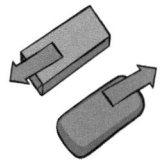

versla
hacer negocios

peningar
el dinero

USD

dollari
el dólar

EUR

evra
el euro

JPY

jen
el yen

RUB

rúbla
el rublo

CHF

svissneskur franki
el franco suizo

CNY

renminbi yuan
el yuan

INR

rúpíur
la rupia

hraðbanki
el cajero automático

gjaldeyrisskipti

la casa de cambio

gull

el oro

silfur

la plata

olía

el petróleo

orka

la energía

verð

el precio

samningur

el contrato

skattur

el impuesto

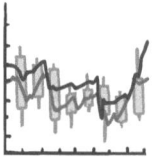

hlutabréf

la acción

vinna

trabajar

starfsmaður

el empleado

vinnuveitandi

el empleador

verksmiðja

la fábrica

búð

el negocio

starfsgreinar
las ocupaciones

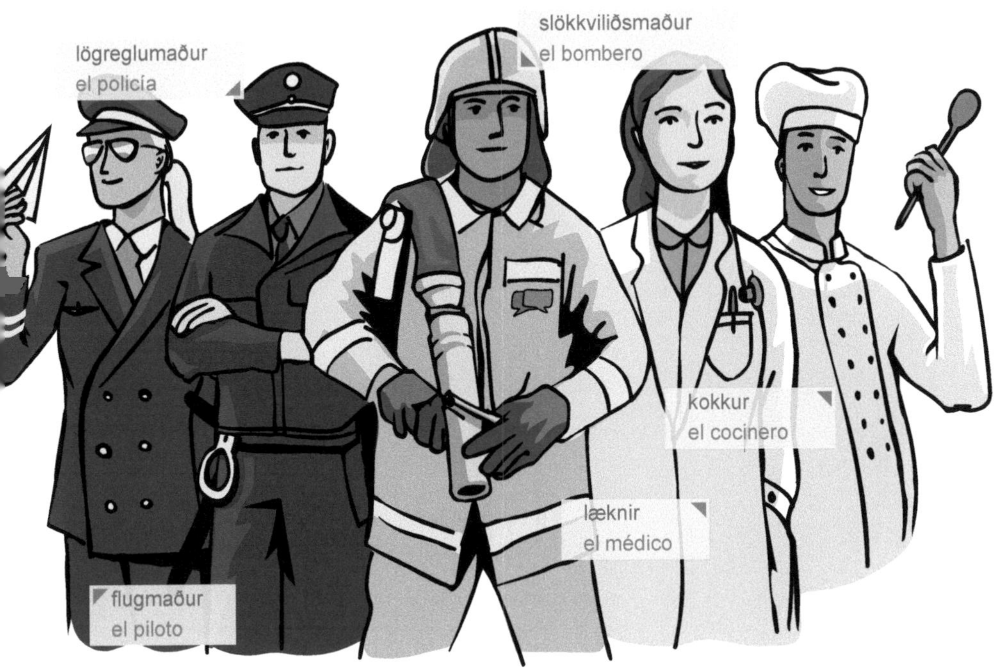

lögreglumaður
el policía
slökkviliðsmaður
el bombero
kokkur
el cocinero
læknir
el médico
flugmaður
el piloto

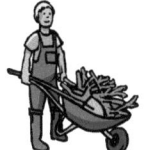

garðyrkjumaður

el jardinero

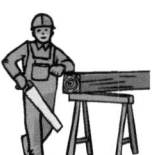

smiður

el carpintero

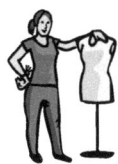

saumakona

la modista

dómari

el juez

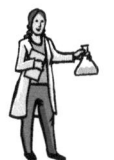

lyfjafræðingur

el farmacéutico

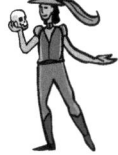

leikari

el actor

strætóbílstjóri

el colectivero

leigubílstjóri

el taxista

sjómaður

el pescador

ræstitæknir

la mucama

þaksmiður

el techista

þjónn

el mozo

veiðimaður

el cazador

málari

el pintor

bakari

el panadero

rafvirki

el electricista

byggingaverkamaður

el albañil

verkfræðingur

el ingeniero

slátrari

el carnicero

pípari

el plomero

póstmaður

el cartero

hermaður
el soldado

arkitekt
el arquitecto

gjaldkeri
el cajero

blómasali
el florista

hárgreiðslumaður
el peluquero

lestarstjóri
el cobrador

vélvirki
el mecánico

skipstjóri
el capitán

tannlæknir
el dentista

vísindamaður
el científico

rabbíi
el rabino

Imam
el imán

munkur
el monje

prestur
el sacerdote

verkfæri
las herramientas

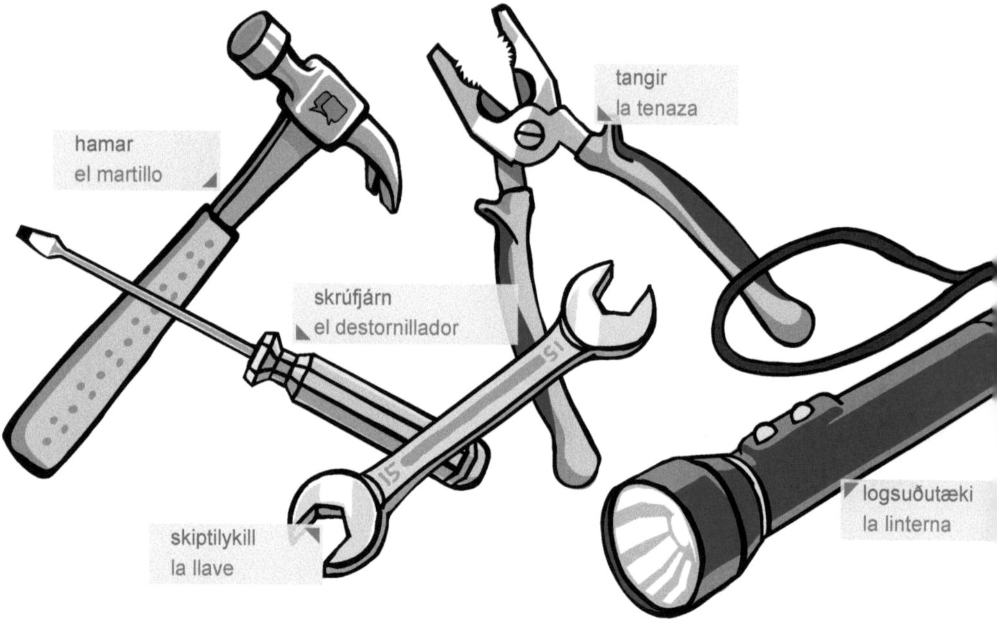

tangir
la tenaza
hamar
el martillo
skrúfjárn
el destornillador
logsuðutæki
la linterna
skiptilykill
la llave

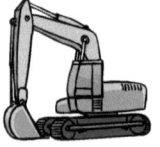

grafa

la excavadora

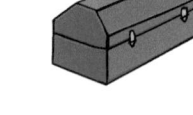

verkfærataska

la caja de herramientas

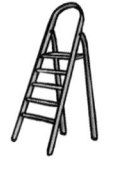

stigi

la escalera portátil

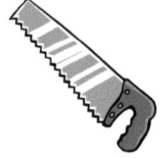

sög

la sierra

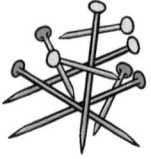

naglar

los clavos

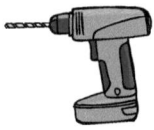

bor

el taladro

gera við
....
arreglar

skófla
....
la pala de jardín

Fjandinn!
....
¡Qué bronca!

fægiskófla
....
la pala de plástico

málningarfata
....
el tacho de pintura

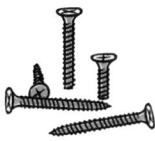

skrúfur
....
los tornillos

hljóðfæri
los instrumentos musicales

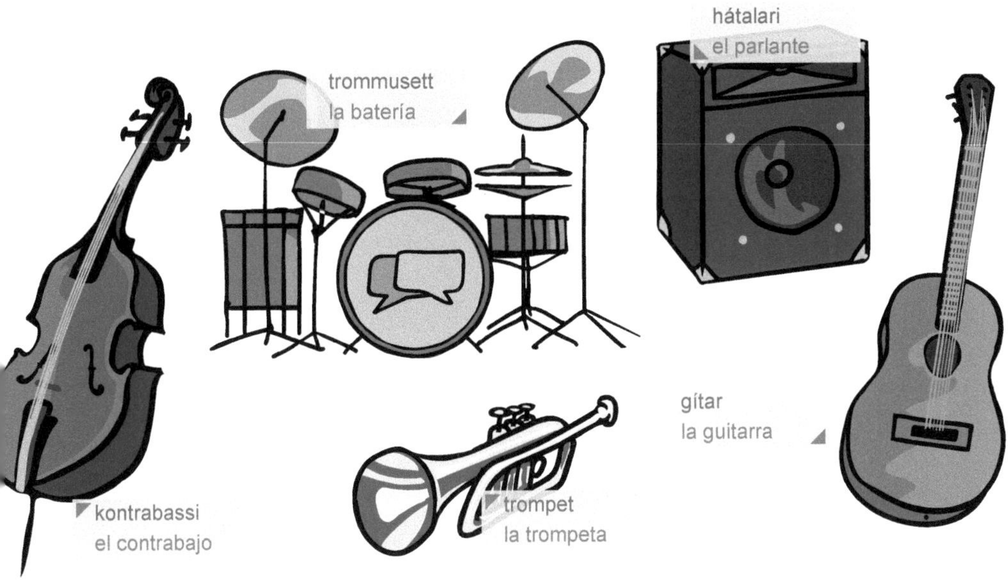

hátalari
el parlante

trommusett
la batería

kontrabassi
el contrabajo

trompet
la trompeta

gítar
la guitarra

píanó
el piano

fiðla
el violín

bassi
el bajo

pákur
los timbales

trommur
el tambor

hljómborð
el teclado

saxófónn
el saxofón

flauta
la flauta

hljóðnemi
el micrófono

dýragarður
el zoológico

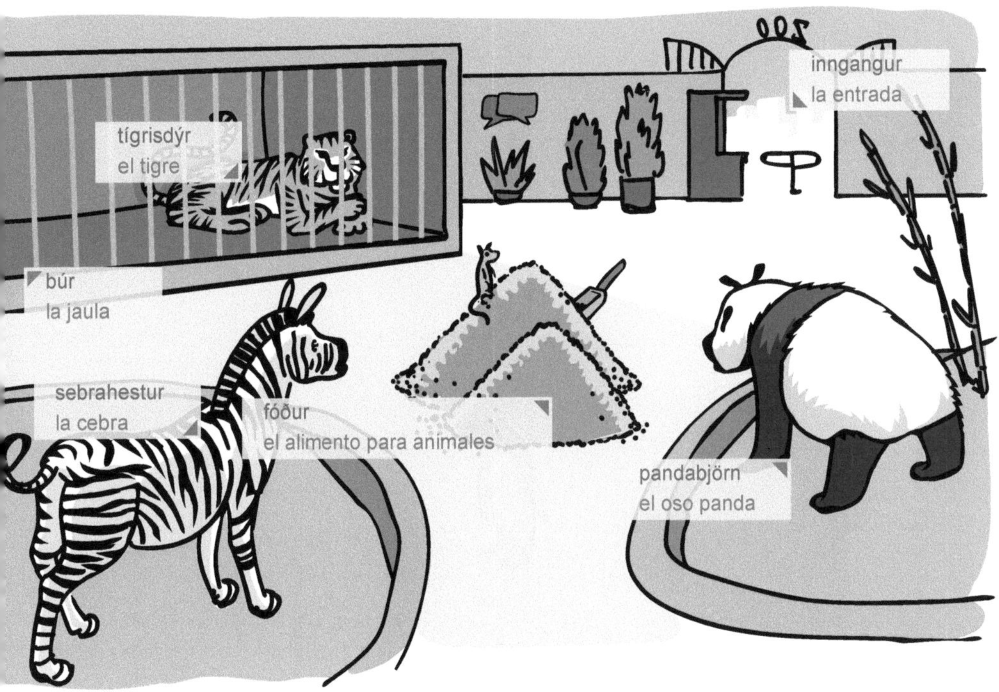

inngangur
la entrada
tígrisdýr
el tigre
búr
la jaula
sebrahestur
la cebra
fóður
el alimento para animales
pandabjörn
el oso panda

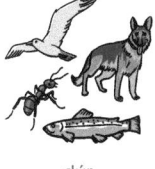

dýr

los animales

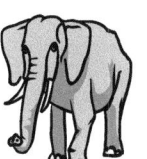

fíll

el elefante

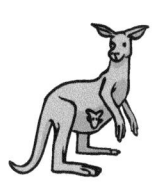

kengúra

el canguro

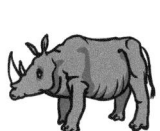

nashyrningur

el rinoceronte

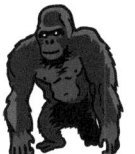

górilla

el gorila

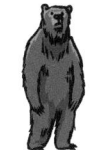

skógarbjörn

el oso

úlfaldi

el camello

strútur

el avestruz

ljón

el león

api

el mono

flamingó

el flamenco

páfagaukur

el loro

ísbjörn

el oso polar

mörgæs

el pingüino

hákarl

el tiburón

páfugl

el pavo real

snákur

la serpiente

krókódíll

el cocodrilo

dýragarðsvörður

el cuidador del zoológico

selur

la foca

jagúar

el jaguar

hestur

el poni

hlébarði

el leopardo

flóðhestur

el hipopótamo

gíraffi

la jirafa

örn

el águila

villisvín

el jabalí

fiskur

el pescado

skjaldbaka

la tortuga

rostungur

la morsa

refur

el zorro

gasella

la gacela

Amerískur fótbolti
el fútbol americano

hjólreiðar
el ciclismo

tennis
el tenis

körfubolti
el básquet

sund
la natación

hnefaleikar
el boxeo

íshokkí
el hockey sobre hielo

fótbolti
el fútbol

hnit
el bádminton

frjálsar íþróttir
el atletismo

handbolti
el handball

skíði
el esquí

póló
el polo

hlæja
reír

hoppa
saltar

faðma
abrazar

ganga
caminar

syngja
cantar

dreyma
soñar

biðja
rezar

kyssa
besar

skrifa
escribir

teikna
dibujar

sýna
mostrar

ýta
presionar

gefa
dar

taka
tomar

hafa
tener

gera
hacer

vera
ser

standa
estar parado

hlaupa
correr

draga
tirar

kasta
tirar

detta
caer

ljúga
estar acostado

bíða
esperar

bera
llevar

sitja
estar sentado

klæða sig
vestirse

sofa
dormir

vakna
despertar

líta á

mirar

gráta

llorar

strjúka

acariciar

greiða

peinar

tala

hablar

skilja

entender

spyrja

preguntar

hlusta

escuchar

drekka

beber

borða

comer

taka til

ordenar

elska

amar

elda

cocinar

keyra

manejar

fljúga

volar

sigla
navegar

reikna
calcular

lesa
leer

læra
aprender

vinna
trabajar

giftast
casarse

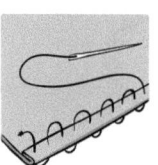

sauma
coser

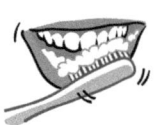

bursta tennur
cepillarse los dientes

drepa
matar

reykja
fumar

senda
enviar

fjölskylda
la familia

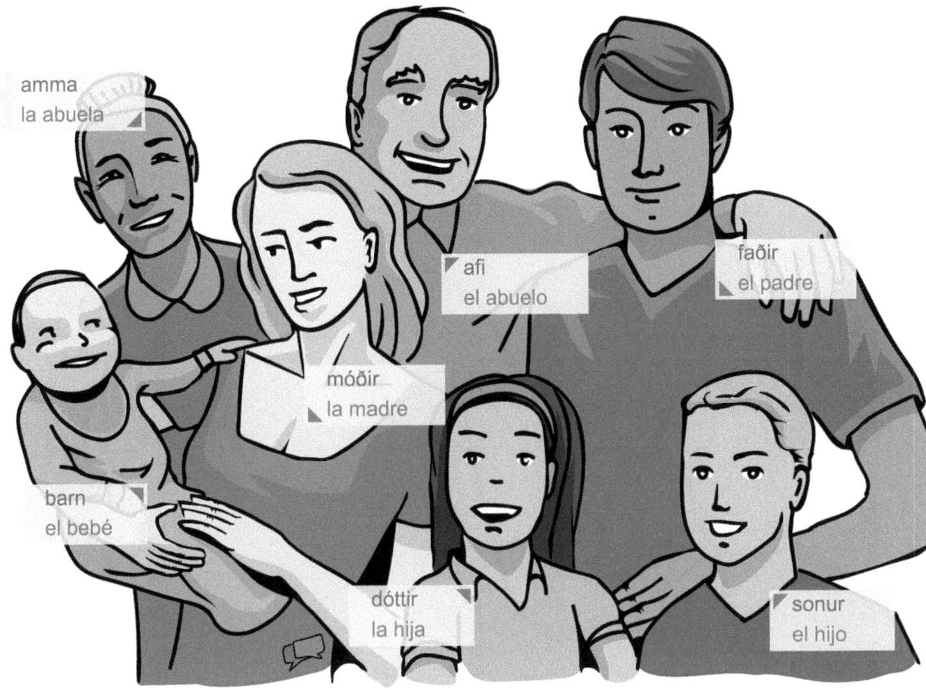
amma
la abuela
afi
el abuelo
faðir
el padre
móðir
la madre
barn
el bebé
dóttir
la hija
sonur
el hijo

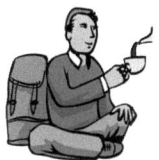

gestur

el invitado

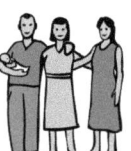

frænka

la tía

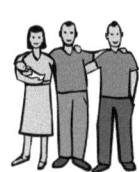

frændi

el tío

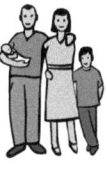

bróðir

el hermano

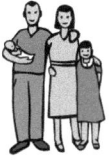

systir

la hermana

líkami

el cuerpo

enni
la frente
auga
el ojo
öxl
el hombro
fingur
el dedo
andlit
la cara
haka
la pera
hönd
la mano
fótleggur
la pierna
brjóst
el pecho
handleggur
el brazo

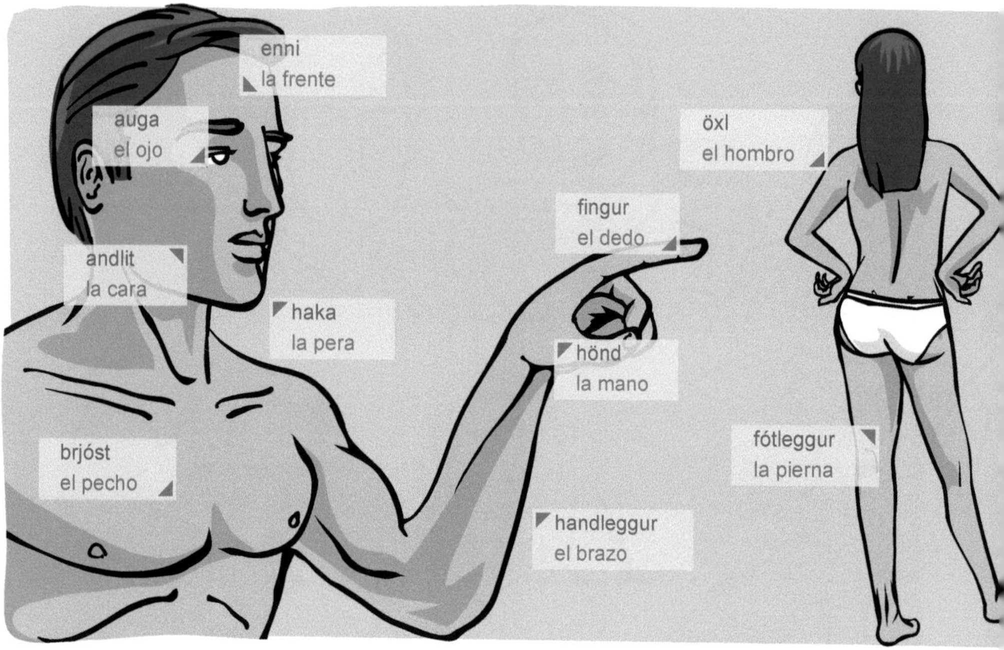

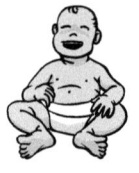

barn

el bebé

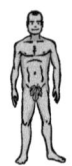

maður

el hombre

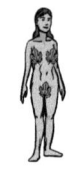

kona

la mujer

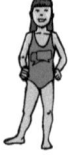

stúlka

la nena

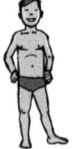

drengur

el nene

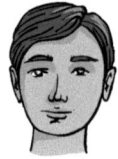

höfuð

la cabeza

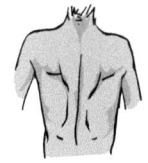

bak

la espalda

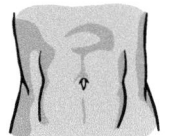

kviður

la panza

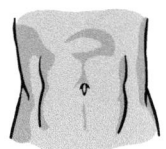

nafli

el ombligo

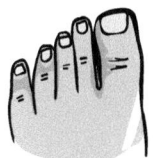

tá

el dedo del pie

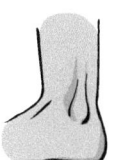

hæll

el talón

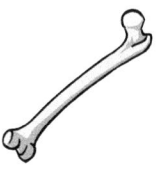

bein

el hueso

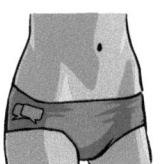

mjöðm

la cadera

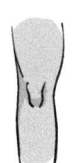

hné

la rodilla

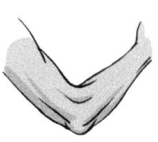

olnbogi

el codo

nef

la nariz

rass

la cola

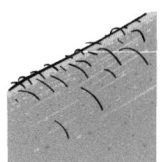

húð

la piel

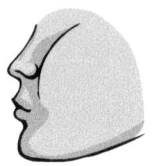

kinn

el cachete

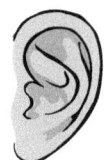

eyra

la oreja

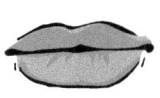

vör

el labio

munnur

la boca

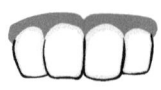

tönn

el diente

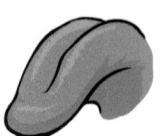

tunga

la lengua

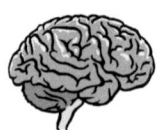

heili

el cerebro

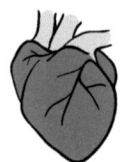

hjarta

el corazón

vöðvi

el músculo

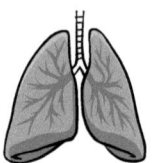

lunga

el pulmón

lifur

el hígado

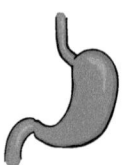

magi

el estómago

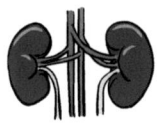

nýru

los riñones

kynmök

el sexo

smokkur

el preservativo

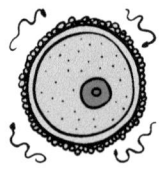

eggfruma

el óvulo

sæði

el semen

ólétta

el embarazo

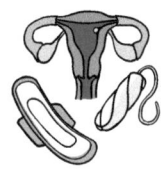

tíðir
la menstruación

leggöng
la vagina

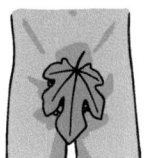

typpi
el pene

augabrún
la ceja

hár
el pelo

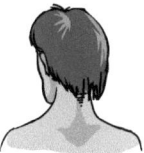

háls
el cuello

sjúkrahús
el hospital

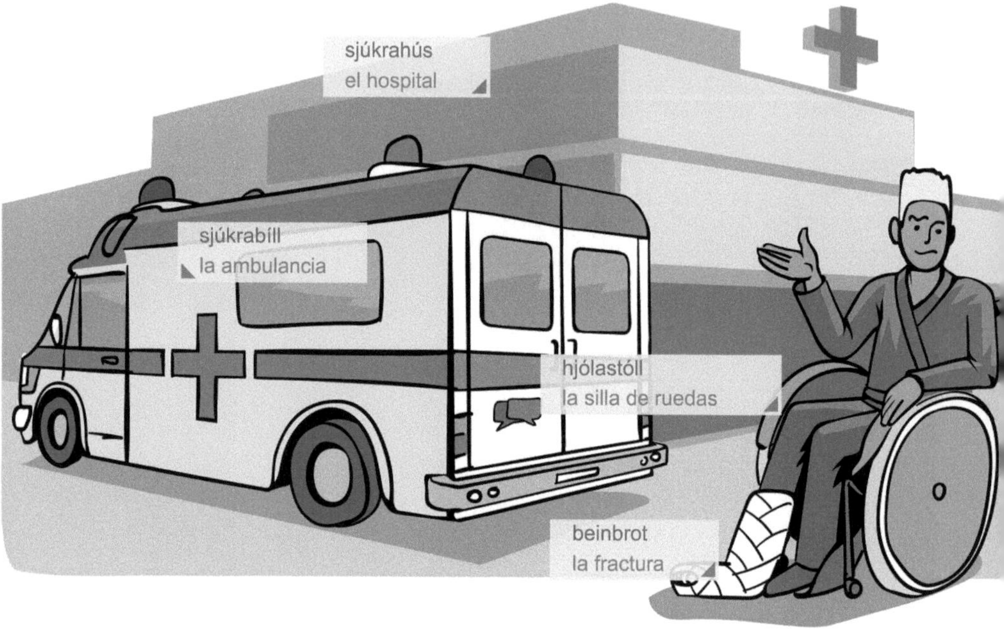

sjúkrahús
el hospital
sjúkrabíll
la ambulancia
hjólastóll
la silla de ruedas
beinbrot
la fractura

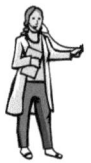

læknir

el médico

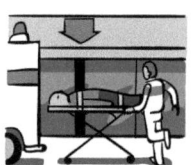

bráðamóttaka

la sala de guardia

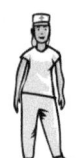

hjúkrunarfræðingur

la enfermera

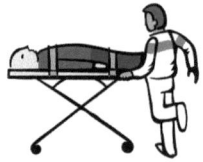

neyðartilvik

la emergencia

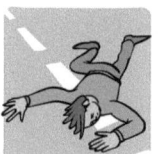

meðvitundarlaus

inconsciente

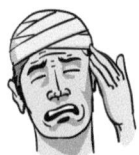

verkir

el dolor

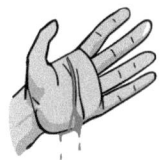

meiðsli

la lesión

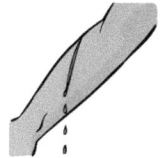

blæðing

la hemorragia

hjartaáfall

el infarto

heilablóðfall

el ACV

ofnæmi

la alergia

hósti

la tos

hiti

la fiebre

flensa

la gripe

niðurgangur

la diarrea

höfuðverkur

el dolor de cabeza

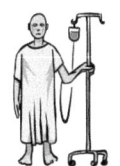

krabbamein

el cáncer

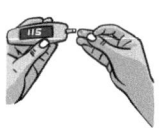

sykursýki

la diabetes

skurðlæknir

el cirujano

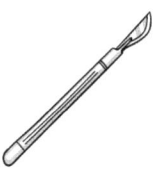

skurðhnífur

el bisturí

aðgerð

la operación

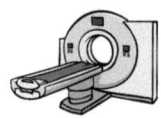

sneiðmyndataka

la TC

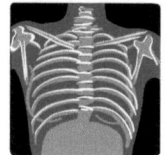

röntgengeisli

los rayos x

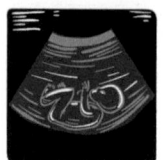

ómskoðun

la ecografía

andlitsgríma

el barbijo

sjúkdómur

la enfermedad

biðstofa

la sala de espera

hækja

la muleta

gifs

la curita

sáraumbúðir

la venda

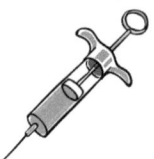

sprauta

la inyección

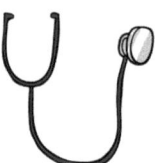

hlustunarpípa

el estetoscopio

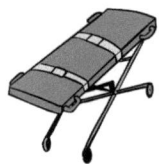

börur

la camilla

líkamshitamælir

el termómetro

fæðing

el nacimiento

yfirvigt

el sobrepeso

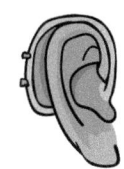

heyrnartæki

el audífono

sótthreinsiefni

el desinfectante

sýking

la infección

veira

el virus

HIV / AIDS

el VIH / SIDA

lyf

el remedio

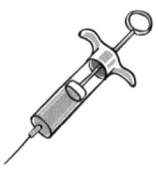

bólusetning

la vacunación

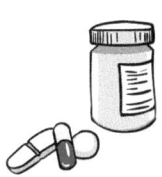

töflur

los comprimidos

pilla

la pastilla anticonceptiva

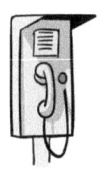

neyðarsímtal

llamada de emergencia

blóðþrýstingsmælir

el tensiómetro

lasinn / heilbrigður

enfermo / sano

Hjálp!

¡Ayuda!

viðvörun

la alarma

líkamsárás

la agresión

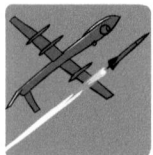

árás

el ataque

hætta

el peligro

neyðarútgangur

la salida de emergencia

Eldur!

¡Fuego!

slökkvitæki

el matafuego

slys

el accidente

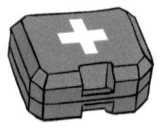

skyndihjálparbúnaður

el botiquín de primeros auxilios

SOS

el SOS

lögregla

la policía

Evrópa

Europa

Norður-Ameríka

América del Norte

Suður-Ameríka

América del Sur

Afríka

África

Asía

Asia

Ástralía

Australia

Atlantshaf

el Atlántico

Kyrrahaf

el Pacífico

Indlandshaf

el Océano Índico

Suður-Íshaf

el Océano Antártico

Norður-Íshaf

el Océano Ártico

Norðurpóll

el polo norte

Suðurpóll

el polo sur

Suðurskautslandið

la Antártida

Jörð

la Tierra

land

la tierra

sjór

el mar

eyja

la isla

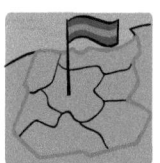

þjóð

la nación

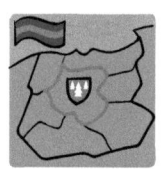

ríki

el estado

klukkuskífa

la esfera

litli vísir

la manecilla de las horas

stóri vísir

el minutero

sekúnduvísir

el segundero

Hvað er klukkan?

¿Qué hora es?

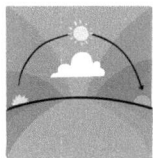

dagur

el día

tími

la hora

nú

ahora

tölvuúr

el reloj digital

mínúta

el minuto

klukkustund

la hora

vika
la semana

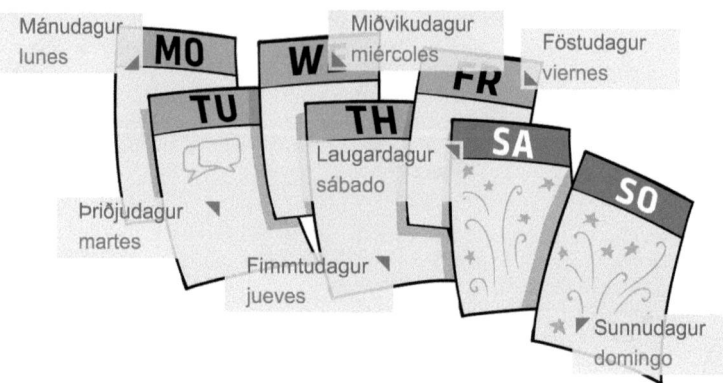

Mánudagur / lunes
Miðvikudagur / miércoles
Föstudagur / viernes
MO
W
FR
TU
TH
SA
Laugardagur / sábado
SO
Þriðjudagur / martes
Fimmtudagur / jueves
Sunnudagur / domingo

í gær
ayer

í dag
hoy

á morgun
mañana

morgunn
la mañana

hádegi
el mediodía

kvöld
la tarde

MO	TU	WE	TH	FR	SA	SU
1	2	3	4	5	6	7
8	9	10	11	12	13	14
15	16	17	18	19	20	21
22	23	24	25	26	27	28
29	30	31	1	2	3	4

virkir dagar
los días hábiles

MO	TU	WE	TH	FR	SA	SU
1	2	3	4	5	6	7
8	9	10	11	12	13	14
15	16	17	18	19	20	21
22	23	24	25	26	27	28
29	30	31	1	2	3	4

helgi
el fin de semana

ár

el año

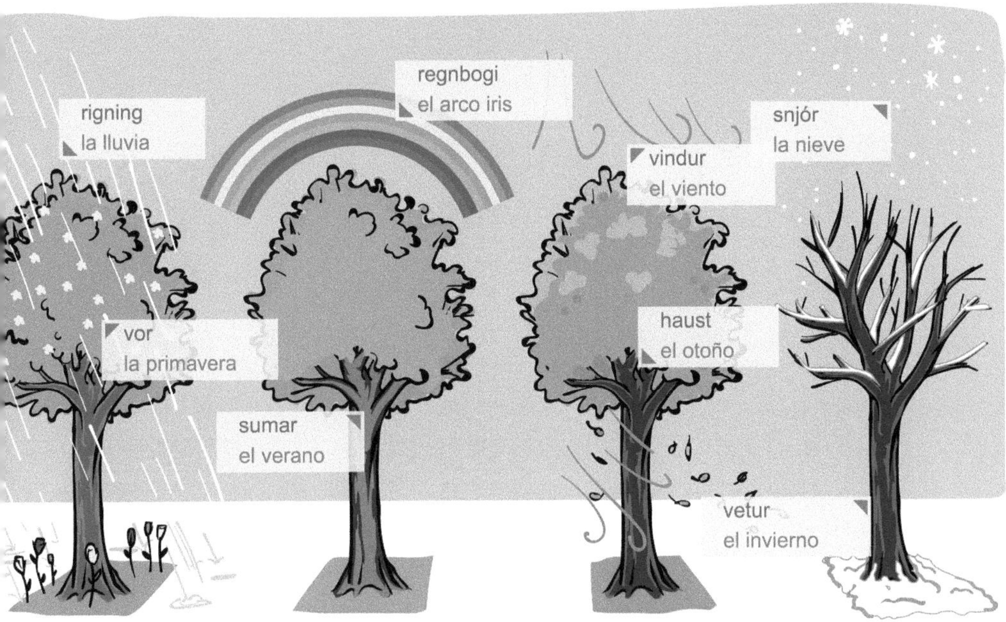

rigning
la lluvia
regnbogi
el arco iris
snjór
la nieve
vindur
el viento
vor
la primavera
haust
el otoño
sumar
el verano
vetur
el invierno

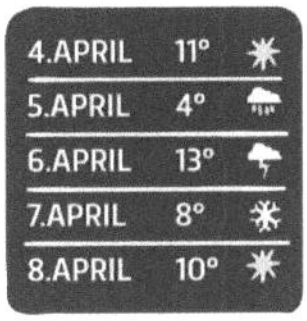

4.APRIL 11°
5.APRIL 4°
6.APRIL 13°
7.APRIL 8°
8.APRIL 10°

veðurspá

pronóstico meteorológico

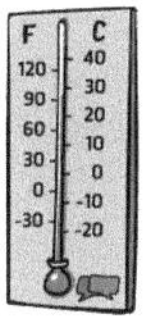

F
C
120
90
60
30
0
-30
40
30
20
10
0
-10
-20

hitamælir

el termómetro

sólskin

la luz del sol

ský

la nube

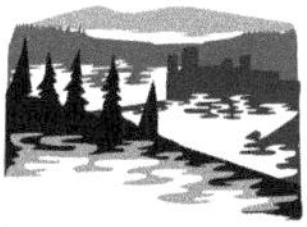

þoka

la niebla

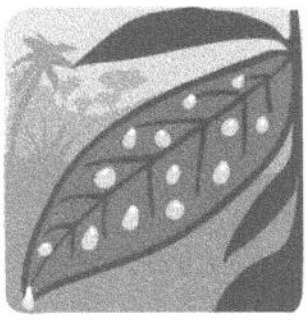

raki

la humedad

eldingar

el rayo

þrumuveður

el trueno

stormur

la tormenta

haglél

el granizo

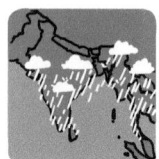

monsún

el monzón

flóð

la inundación

ís

el hielo

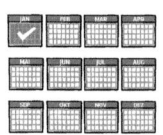

Janúar

enero

Febrúar

febrero

Mars

marzo

Apríl

abril

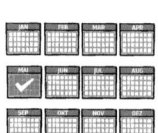

Maí

mayo

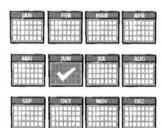

Júní

junio

Júlí

julio

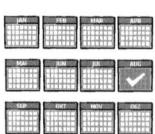

Ágúst

agosto

September
septiembre

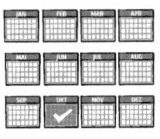

Október
octubre

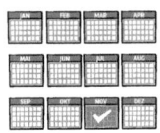

Nóvember
noviembre

Desember
diciembre

form
las formas

hringur
el círculo

ferningur
el cuadrado

rétthyrningur
el rectángulo

þríhyrningur
el triángulo

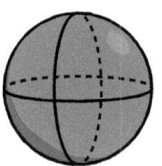

kúla
la esfera

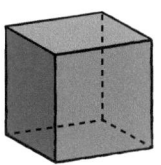

teningur
el cubo

colores

hvítur
....
blanco

gulur
....
amarillo

appelsínugulur
....
naranja

bleikur
....
rosa

rauður
....
rojo

fjólublár
....
violeta

blár
....
azul

grænn
....
verde

brúnn
....
marrón

grár
....
gris

svartur
....
negro

mikið / lítið

mucho / poco

reiður / rólegur

enojado / tranquilo

fallegur / ljótur

lindo / feo

upphaf / endir

el principio / el fin

stór / lítill

grande / chico

bjartur / dimmur

claro / oscuro

bróðir / systir

el hermano / la hermana

hreinn / óhreinn

limpio / sucio

heill / ófullnægjandi

completo / incompleto

dagur / nótt

el día / la noche

dauður / lifandi

muerto / vivo

breiður / mjór

ancho / angosto

ætur / óætur

comestible / no comestible

vondur / góður

malo / amable

spenntur / leiður

entusiasmado / aburrido

feitur / mjór

gordo / flaco

fyrstur / síðastur

primero / último

vinur / óvinur

el amigo / el enemigo

fullur / tómur

lleno / vacío

harður / mjúkur

duro / blando

þungur / léttur

pesado / liviano

svangur / þyrstur

el hambre / la sed

lasinn / heilbrigður

enfermo / sano

ólöglegur / löglegur

ilegal / legal

greindur / heimskur

inteligente / estúpido

vinstri / hægri

izquierda / derecha

nálægur / fjarlægur

cerca / lejos

andstæður - los opuestos

nýr / notaður
nuevo / usado

ekkert / eitthvað
nada / algo

gamall / ungur
viejo / joven

kveikt / slökkt
encendido / apagado

opna / loka
abierto / cerrado

Lágvær / hávær
silencioso / ruidoso

ríkur / fátækur
rico / pobre

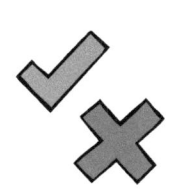
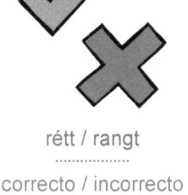

rétt / rangt
correcto / incorrecto

grófur / sléttur
áspero / suave

gbitinn / hamingjusamur
triste / contento

stutt / lengi
corto / largo

hægt / hratt
lento / rápido

blautur / þurr
mojado / seco

heitur / kaldur
caliente / frío

stríð / friður
guerra / paz

0	**1**	**2**
núll	einn	tveir
cero	uno	dos

3	**4**	**5**
þrír	fjórir	fimm
tres	cuatro	cinco

6	**7**	**8**
sex	sjö	átta
seis	siete	ocho

9	**10**	**11**
níu	tíu	ellefu
nueve	diez	once

12

tólf

doce

13

þrettán

trece

14

fjórtán

catorce

15

fimmtán

quince

16

sextán

dieciséis

17

sautján

diecisiete

18

átján

dieciocho

19

nítján

diecinueve

20

tuttugu

veinte

100

hundrað

cien

1.000

þúsund

mil

1.000.000

milljón

el millón

Enska

el inglés

Amerísk enska

el inglés americano

Mandarin-kínverska

el chino mandarín

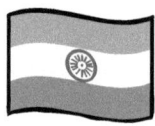

Hindí

el hindi

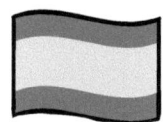

Spænska

el español

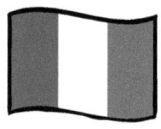

Franska

el francés

Arabíska

el árabe

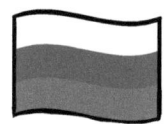

Rússneska

el ruso

Portúgalska

el portugués

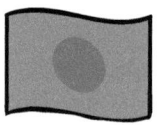

Bengali

el bengalí

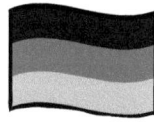

Þýska

el alemán

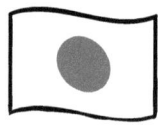

Japanska

el japonés

ég
....
yo

þú
....
vos

hann / hún / það
....
él / ella

við
....
nosotros

þú
....
ustedes

þeir
....
ellos

hver?
....
¿quién?

hvað?
....
¿qué?

hvernig?
....
¿cómo?

hvar?
....
¿dónde?

hvenær?
....
¿cuándo?

nafn
....
el nombre

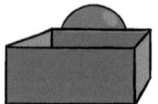

bakvið
....
detrás

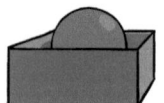

í
....
en

fyrir framan
....
adelante de

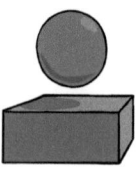

yfir
....
por encima de

á
....
sobre

undir
....
debajo de

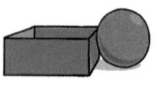

við hliðina
....
al lado de

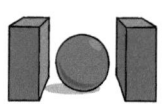

milli
....
entre

sæti
....
el lugar